LILIANA IACOCCA MICHELE IACOCCA

Mão e contramão

A aventura do trânsito

editora ática

Convite para uma aventura

Este livro é um convite para você entrar
e participar de uma aventura.
Nas dez cenas de página dupla,
12 personagens – 11 com veículos e
um pedestre – cometem infrações contra
o Código de Trânsito Brasileiro.

E sabe quem é que vai descobrir
as infrações que elas cometem? Você!
Olhe com atenção cada cena, a sinalização,
os veículos, os motoristas, os passageiros,
os pedestres... Encontre as 12 personagens
no trânsito e descubra as infrações.
Depois, vire o livro de ponta-cabeça
e leia as respostas.

Nas páginas finais, você vai saber um
pouco sobre o Código de Trânsito
Brasileiro, conhecer as principais placas
de sinalização e refletir sobre como é
importante estar informado e preparado
para ser um futuro motorista.
Participe desta aventura!

Fique de olho nestes infratores

Pedestre

Ciclista

Motociclista

Carro marrom
malconservado

Carrinho verde

Carrão vermelho

Táxi

Caminhonete

Perua escolar

Micro-ônibus

Ônibus

Caminhão

solta. Transporta criança no banco dianteiro e sem cinto de segurança. Faz conversão proibida. Para sobre a faixa de pedestres.

fumaça preta. Dirige com o braço fora da janela.

Desrespeita o sinal fechado. Dirige com fones de ouvido conectados a aparelho sonoro. Está sem capacete. Placa dian

Dirige sem cinto de segurança. Limpador do para-brisa está quebrado. Desembarca passageiros em local proibido.

proibido. Passageiro está sem cinto de segurança. Tem o som em alto volume em frente ao hospital. Transporta

dindo o trânsito, e sobre a faixa de pedestres.

Joga lixo na rua. Trafega na calçada. Dirige com uma só mão. Vaza óleo. Entra na contramão. Estaciona

criança com a cabeça para fora da janela. Invade faixa de ônibus. Invade a faixa, ameaçando pedestres. Para no meio da

bustível, obrigando a carroça a transitar na faixa do meio, quando deveria estar à direita. Estaciona no contrafluxo da faixa do ônibus.

ânico, deixando as crianças em risco no meio da rua. Está com excesso de passageiros. Atravessa semáforo vermelho.

Atravessa fora da faixa de pedestres. Faz malabarismos. Usa vestuário impróprio: short e chinelo. Para por falta

Dirige falando ao celular. Não dá passagem à ambulância. Transporta pessoas na caçamba. Para com proble

Descarrega mercadoria estacionado sobre a faixa de pedestres e longe da guia.

a rebaixada. Joga lixo na rua. Embarca passageiro do lado errado e no meio da rua. Entra na contramão.

aixa de pedestres. Trafega em local proibido para caminhões.

Atravessa com sinal fechado. Leva carga perigosa. Para sobre a calçada. Solta fumaça preta. Estaciona jun

Embarca as crianças parado longe da guia e sobre a faixa de pedestres. Não obedece ao chamado do guarda. Para em cin

pedindo o trânsito. Para em fila dupla e sobre a faixa de pedestres. (Veja também as infrações cometidas por outros veículos estacionados em

Conversa através da janela, atrapalhando o trânsito. Dirige falando ao celular. Tem excesso de passageiros e leva criança no banco

Chuta placa de sinalização. Invade faixa escolar. Estaciona sobre a calçada. Para sobre a faixa de pedestres e desce para conver
frente à escola: os das esquinas não respeitam os 5 metros de distância e ainda há outro carro sobre a faixa de pedestres.) Para em fila du
dianteiro. Desembarca passageiro no meio da rua. Não para no ponto para embarcar passageiros. Leva carga mal-acondiciona

Leva excesso de bagagem no capô. Faz retorno proibido. Atravessa semáforo vermelho. Para sobre a calçada

n risco os pedestres. Não dá passagem para carro de bombeiros. Invade faixa dos automóveis. Para para conversar,

Atravessa a rua lendo jornal e fora da faixa de pedestres. Circula em local proibido para bicicletas. Transporta passageira sem capace
para desembarcar passageiro. Invade faixa de ônibus. Transporta criança no banco dianteiro e que brinca com ioiô na janela, colocar
bloqueando o tráfego.

Não usa cinto de segurança. Está em excesso de velocidade. Para no viaduto por falta de combustível. documentos em ordem.

Transita em local proibido para caminhões. eaçando passageiros e pedestres.

Atravessa em local proibido. Transporta criança na bicicleta de forma inadequada. Invade canteiro. Dirige o veículo sem te

Dirige com braço fora da janela. Desembarca crianças em local de risco. Solta fumaça preta. Breca bruscament

Tem o escapamento solto. Maquia-se ao volante e não usa o cinto de segurança. Ultrapassa em local proibido.

Para em local proibido para embarcar passageiros. Transporta passageiros com risco de acidentes. Ultrapassa em local proibido.

Joga lixo na pista e transita em local de veículos. Dirige com uma só mão no guidão e circula em local de risco. Faz malabarism

Pega passageiro em local perigoso. Bebe enquanto dirige. Dirige com fones de ouvido conectados a aparelho sono

co dianteiro. Circula pelo acostamento. Ultrapassa pela direita. Atravessa por cima do canteiro. Desacata o

olante, colocando o braço para fora da janela. Espalha carga mal-acondicionada pela rodovia.

Transita em local proibido para pedestres. Circula sobre o gramado. Carrega excesso de bagagem. Transporta criança

guarda de trânsito. Entra na contramão. Está em excesso de velocidade e ultrapassa pela direita. Dirige com sono e la

Transporta excesso de bagagem no capô. Solta as mãos do volante. Dirige perigosamente, representando risco aos

cânico, não usa triângulo nem pisca-alerta. Está com excesso de velocidade e ultrapassa pela direita. Estaciona sobre o gramado.

Atravessa fora da passarela de pedestres. Cruza a pista perigosamente. Faz retorno proibido. Dirige sem camis

demais veículos e aos acidentados. Transporta animais na caçamba. Ofende o pedestre. Parado por problem

E a aventura continua na vida real...

... nas grandes avenidas, nos cruzamentos, nas ruas, nas estradas, nas rodovias. Enfim, em todos os lugares onde as pessoas se locomovem.

Ser um motorista consciente, um pedestre cauteloso, não deve ser simplesmente uma obrigação imposta pelos órgãos de trânsito: é sinal de educação, de respeito consigo mesmo e com os outros, com o lugar onde cada um habita e transita.

Possuir carteira de habilitação para dirigir um veículo é o início de um longo caminho. Caminho que tem por finalidade facilitar a vida das pessoas que trabalham, estudam, passeiam, viajam, conhecem lugares e querem viver melhor.

Crianças e adolescentes também têm suas obrigações!

Mesmo quem não tem idade para dirigir veículos precisa seguir regras, sejam elas ditadas pelo Código de Trânsito, pela civilidade ou pela prudência.

Como passageiro

- Antes dos 10 anos de idade, jamais sentar no banco da frente do veículo.
- Nunca colocar braços ou cabeça para fora da janela.
- Nunca jogar coisas pela janela do veículo.
- Usar cinto de segurança e ter bom comportamento dentro do ônibus ou perua escolar.

Como pedestre

- Respeitar a sinalização. Atravessar sempre nas faixas, obedecendo ao sinal de pedestres, quando existir.
- Olhar com atenção para os dois lados da rua antes de atravessar, mesmo que o sinal esteja aberto para pedestres.
- Usar sempre a passarela de pedestres para atravessar estradas, rodovias ou avenidas de grande movimento.
- Na ausência de faixas ou passarelas, atravessar de forma perpendicular ao fluxo de veículos, sempre com muita atenção e respeitando a sinalização.
- Jamais andar de skate, patinete, patins etc. em rua ou locais perigosos.

O Código de Trânsito Brasileiro

Imagine como é difícil controlar e disciplinar os milhões de veículos que trafegam pelo Brasil. Um verdadeiro quebra-cabeça!

Imagine também como é importante regulamentar as ações dos motoristas, o estado de conservação dos veículos, o comportamento dos pedestres, enfim, estabelecer regras para que todos possam transitar com tranquilidade e segurança.

Pensando em tudo isso, foi elaborado um novo Código de Trânsito Brasileiro, que entrou em vigor em janeiro de 1998*.

Este código ampliou o número de infrações e criou quatro categorias para elas: gravíssimas, graves, médias e leves, nas quais, além de receber a penalidade estabelecida pela lei, o motorista recebe pontos negativos. Ao atingir 20 pontos, perde sua habilitação por um determinado período.

Infração	Pontos
Gravíssima	7
Grave	5
Média	4
Leve	3

Nas páginas seguintes, você vai conhecer algumas das principais infrações previstas no Código de Trânsito Brasileiro.

* No primeiro ano de existência do novo Código de Trânsito, ocorreram nas rodovias brasileiras cerca de mil mortes e 6 mil acidentes a menos que no ano anterior.

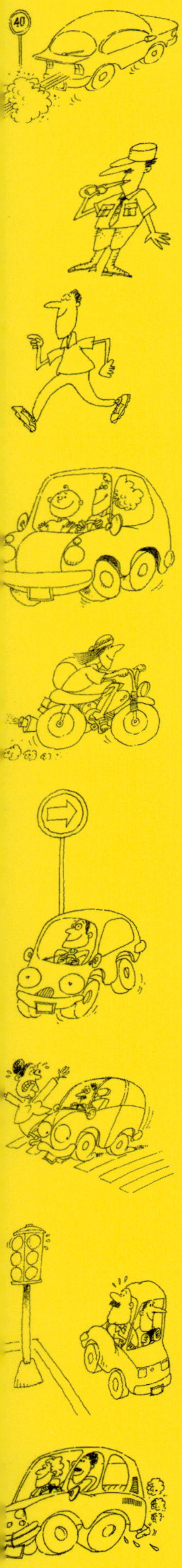

Principais infrações

Gravíssimas

- Dirigir sem ter Carteira de Habilitação ou Permisão para Dirigir.
- Deixar de prestar socorro a vítimas quando envolvido em acidente.
- Dirigir embriagado ou drogado.
- Transitar em velocidade superior à permitida em mais de 50%.
- Participar de racha ou pega.
- Dirigir ameaçando os pedestres que atravessam a via ou os demais veículos.
- Transpor bloqueio policial sem autorização.
- Conduzir veículo sem qualquer uma das placas, sem licenciamento ou com dispositivo antirradar.
- Levar crianças menores de 10 anos no banco da frente.
- Transportar crianças menores de 7 anos sem a proteção adequada (berço portátil, cadeirinha, proteção antichoque).
- Dirigir moto transportando criança menor de 7 anos ou que não tenha condições de cuidar da própria segurança.
- Dirigir moto fazendo malabarismos ou sem capacete e vestuário apropriado.
- Transitar na contramão.
- Avançar sinal vermelho ou parada obrigatória.
- Não dar passagem aos veículos de bombeiros, polícia, ambulâncias e outros de serviços de urgência.
- Fazer retorno em lugar proibido.
- Ultrapassar pela contramão onde houver linha dupla contínua ou amarela simples.
- Bloquear a via com o veículo.
- Não parar antes de cruzar a linha férrea.
- Deixar de reduzir a velocidade do veículo próximo a escolas, hospitais e todo lugar onde haja intensa movimentação de pedestres.
- Deixar de dar passagem a pedestre que esteja na faixa.

Graves

- Não usar cinto de segurança, tanto o condutor como o passageiro.
- Estacionar em viadutos, pontes ou túneis.
- Dirigir veículo em mau estado de conservação.
- Estacionar na calçada, sobre faixa de pedestre, canteiros centrais, ilhas, gramados ou jardins públicos.

- Estacionar em fila dupla.
- Conduzir o veículo sem acionar o limpador de para-brisa sob chuva.
- Fazer conversão à direita ou à esquerda em locais proibidos.
- Transitar com o farol alto ou a luz desregulada, prejudicando a visão de outro condutor.
- Deixar de sinalizar manobra de direção ou mudança de faixa de circulação.
- Ultrapassar outro veículo pelo acostamento.

Médias

- Parar por falta de combustível.
- Estacionar nas esquinas a menos de 5 metros da via transversal.
- Estacionar onde houver guia rebaixada.
- Dirigir com fones de ouvidos conectados a aparelho de som ou celular.
- Atirar do veículo ou abandonar na via objetos e substâncias.
- Dirigir veículo com o braço do lado de fora.
- Usar no veículo placas de identificação diferentes das exigidas.
- Usar aparelho que produza sons e ruídos que perturbem o sossego público ou alarme em desacordo com o padrão exigido.
- Deixar de dar passagem pela esquerda quando solicitado.
- Dirigir usando calçados que não se firmem nos pés ou que dificultem o uso dos pedais.

Leves

- Conduzir veículo sem os documentos exigidos pelo Código de Trânsito Brasileiro.
- Usar luz alta em vias com iluminação pública.
- Usar buzina prolongada ou sucessivamente sem razão ou entre 22 e 6 horas.
- Estacionar afastado da calçada de 50 centímetros a 1 metro.
- Dirigir sem atenção e sem os cuidados indispensáveis à segurança.
- Ultrapassar sem autorização veículo em movimento que integre cortejo ou desfile.

ATENÇÃO

Ciclistas e pedestres também serão multados se não respeitarem a sinalização de trânsito específica.

Sinalização de Trânsito

Principais placas de regulamentação

Parada obrigatória

Siga em frente

Sentido proibido

Proibido virar à esquerda

Proibido retornar à esquerda

Estacionamento regulamentado

Proibido estacionar

Proibido parar e estacionar

Velocidade máxima permitida

Proibido mudar de faixa ou pista de trânsito da esquerda para a direita

Proibido trânsito de caminhões

Proibido trânsito de veículos automotores

Ônibus, caminhões e veículos de grande porte mantenham-se à direita

Proibido acionar buzina ou sinal sonoro

Proibido ultrapassar

Conserve-se à direita

Sentido de circulação da via/pista

Vire à direita

Siga em frente ou à esquerda

Proibido trânsito de bicicletas

Duplo sentido de circulação

Proibido trânsito de pedestres

Pedestre, ande pela esquerda

Pedestre, ande pela direita

Sinais no solo – linhas

Seccionada: divide a via em duas mãos direcionais e permite a ultrapassagem.

Contínua: divide a via em duas mãos direcionais e não permite a ultrapassagem.

Dupla contínua: divide a via em duas mãos direcionais e não permite a ultrapassagem.

Contínua e seccionada: divide a via em duas mãos direcionais. Quando a primeira faixa à esquerda do motorista for contínua, é proibida a ultrapassagem.

Principais placas de advertência

Curva acentuada à esquerda

Pista sinuosa à direita

Cruzamento de vias

Via lateral à direita

Interseção em "T"

Bifurcação em "Y"

Confluência à direita

Semáforo à frente

Parada obrigatória à frente

Saliência ou lombada

Declive acentuado

Estreitamento de pista ao centro

Estreitamento de pista à direita

Ponte estreita

Obras

Mão dupla adiante

Área com desmoronamento

Pista escorregadia

Trânsito de ciclistas

Trânsito de pedestres

Área escolar

Crianças

Animais

Animais selvagens

Sinais luminosos – semáforos

PARE

ATENÇÃO

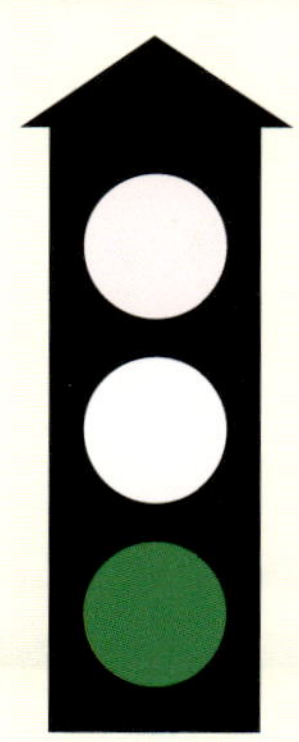
SIGA

A verdadeira aventura é...

... estar preparado para conviver em sociedade.
Se pararmos para pensar, vamos descobrir
que o trânsito, com suas regras e leis, é um
grande aprendizado de como conviver socialmente.
Ensina a desenvolver o respeito mútuo,
a fraternidade, a consciência ecológica,
a preservação do espaço. Ensina, enfim,
que somos cidadãos com direitos e deveres,
participantes de uma sociedade
que pode se tornar melhor e mais humana.
Só depende de nós!

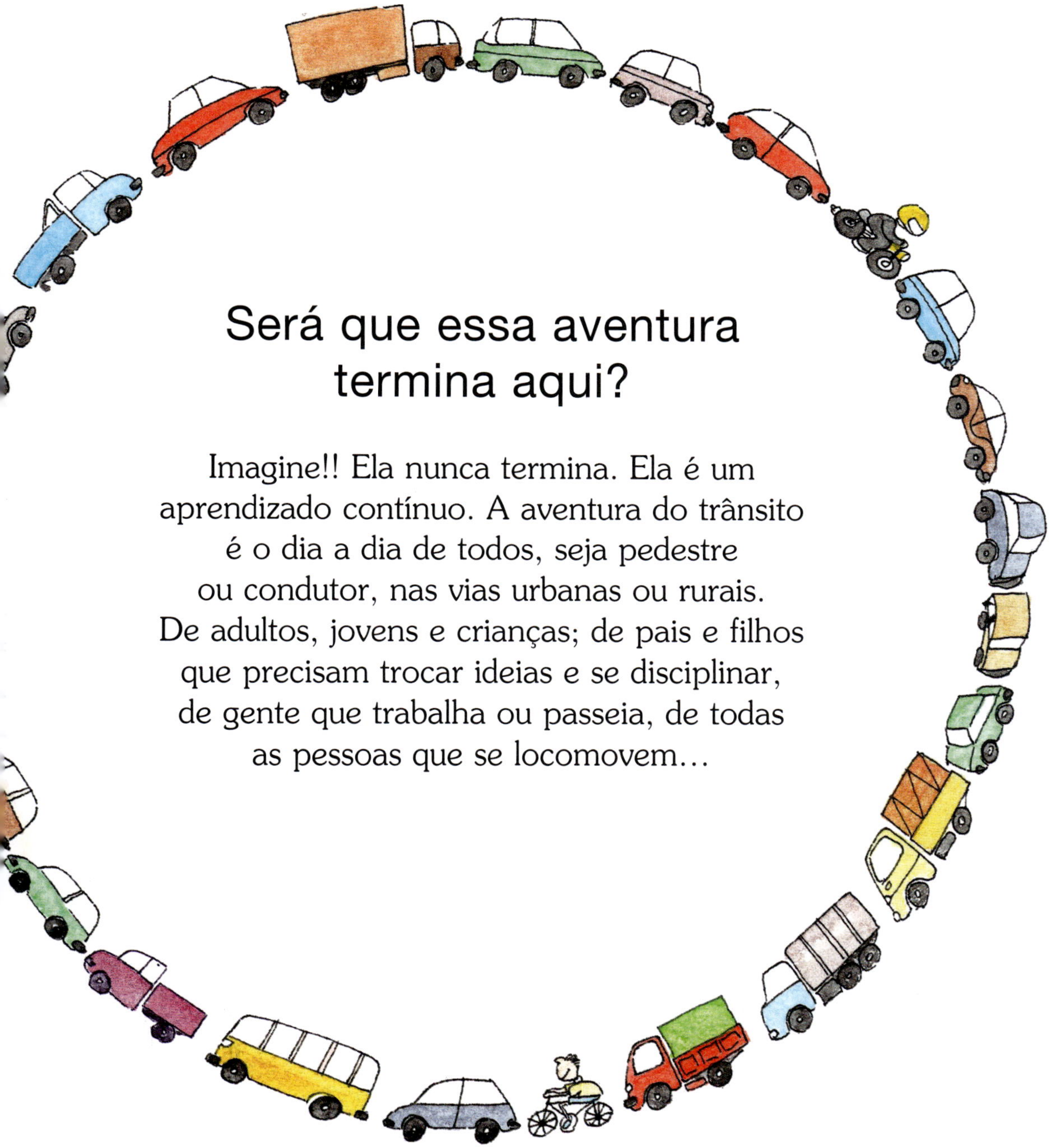

Será que essa aventura termina aqui?

Imagine!! Ela nunca termina. Ela é um aprendizado contínuo. A aventura do trânsito é o dia a dia de todos, seja pedestre ou condutor, nas vias urbanas ou rurais. De adultos, jovens e crianças; de pais e filhos que precisam trocar ideias e se disciplinar, de gente que trabalha ou passeia, de todas as pessoas que se locomovem...

E você?
Como deseja continuar essa aventura?
Como um futuro motorista
ou como um motorista do futuro?